AF602465

1894. Mars 14

NOTICE

DES LIVRES

ANCIENS ET MODERNES

BIBLIOTHÈQUE C. DE R**.

DONT LA VENTE AURA LIEU

Les Mercredi 14 et Jeudi 15 Mars 1894

A UNE HEURE ET DEMIE DU SOIR

11, PLACE DU VIEUX-MARCHÉ, 11

Par le ministère de l'un de MM. les Commissaires-Priseurs d'Orléans

ORLÉANS

H. HERLUISON, LIBRAIRE

17, RUE JEANNE-D'ARC, 17

1894

ORDRE DES VACATIONS :

Première, mercredi 14. — Nos 1 à 317.

Deuxième, jeudi 15. — Nos 318 à la fin.

Les Acquéreurs paieront 10 pour 100 en sus des Adjudications.

M. H. Herluison, libraire, dirigeant la vente, se chargera des commissions qu'on voudra bien lui confier.

Orléans, imp. G. Jacob. P. Pigelet, successeur.

THÉOLOGIE

1. La Bible. Illustration en 240 gravures sur bois, par Schnorr. *Paris, Schulgen*, in-4° en cart

2. Vetus et novum testamentum grœce, V. Loch, edidit *Ratisbonæ*, 1862-66, 2 vol. in-8° et in-12 rel. et broch.

3. Dictionnaire de la Bible publié par l'abbé Vigouroux. *Paris, Letouzey*, 1891-93, fasc. 1 à 4, in-4° br.

4. Atlas archéologique de la Bible d'après les découvertes les plus récentes. *Lyon* et *Paris*, 1883, in-4° pl. broch.

5. Sacrorum Bibliorum concordantiæ. *Lugduni*, 1677. in-4°. dem. rel.

6. Manuel biblique ou cours d'Ecriture sainte, par Bacuez et Vigouroux. *Paris, Roger*, 1881, 4 vol. in-12 broch.

7. La Bible et les découvertes modernes en Palestine, Egypte et Assyrie, par l'abbé Vigouroux. *Paris, Berche* et *Tralin*, 1882, 4 vol. in-12 broch.

8. Evangile selon saint Luc, par l'abbé Fillion, trad. de l'abbé Bayle. *Paris*, 1882, in-8° broch.

9. L'évangile médité pour tous les jours de l'année. *Paris, Lecoffre*, 4 vol. in-12 rel. bas.

10. Guillemon : clef des épitres de saint Paul ; Van Waddingen : Eléments de la religion ; Pététot : méditation sur les évangiles du carême. 4 vol. in 12 broch.

11. La Vie de N.-S. Jésus-Christ, par l'abbé Brispot, ornée de 36 gravures sur acier. *Paris, Gaume frères*, 1869, 3 vol. in 4° broch.

12. La vie de Jésus Christ méditée pour tous les jours de l'année, par l'auteur des Avis spirituels. *Paris*, 1884, 2 in-12 broch.

13. Histoire de N.-S. Jésus-Christ, par Mgr Dupanloup, évêque d'Orléans *Paris, Plon*, **1870, gr. in 8° pl. gr. 1/2 rel. chag. tr. dor.**

14. Jésus-Christ, par le P. Didon. *Paris, Plon*, 1891, pet. in 8° broch.

15. Histoire de la Passion de Dieu fait homme. *Lille, Desclée*, 1887. in-8° broch.

16. La Passion, essai historique par le R. P. Ollivier. *Paris, Lethielleux*, 1891, in-8° broch.

17. Cérémonial selon le rite romain, par le R. P. Le Vavasseur. *Paris, Lecoffre*, 1882, 2 in-12 broch.

18. Walsh. Tableau poétique des fêtes chrétiennes et des sacrements. *Paris*, 1878, 3 vol. in-12 broch.

19. Dictionnaire de théologie, par Bergier. *Besançon*, 1843, 6 vol. in-8° broch.

20. Elementa theologiæ dogmaticæ, opera Schouppe. *Parisis*, S. D., 2 in-8° broch.

21. Prælectiones theologicæ de eucharistico sacramento, H. Tournely auctore. *Parisis, Mazières*, 1739, 2 in-8° bas. rac.

22. L'Improvisateur sacré, par l'abbé Nambride de Nigri. *Turin, Romano*, 2 vol. pet. in-8° broch.

23. Méditations à l'usage des élèves des grands séminaires et des prêtres, par L. Branchereau. *Paris, Vic et Amat*, 1890, 4 vol. in-12 broch.

24. Méditations sacerdotales, par le P. Chaignon. *Angers*, 1879. 5 vol. in-12 broch.

25. Traité de la confession des enfants et des jeunes gens, par l'abbé Timon-David. *Paris, Sarlit*, 3 in 8° broch.

26. Somme de la prédication eucharistique, par le P. Tesnière. 2 édit. *Paris*, 2 vol. in-8° broch.

27. Migne. Cours alphabétique et méthodique de droit-canon. *Paris*, 1862, 2 vol. in-4° broch.

28. Migne (collection). Catéchismes 2 vol. — De la Luzerne, dissertations sur les droits et devoirs des évêques et des prêtres. — Dict. des croisades. — Dict. des prophéties et des miracles t. 1er ens. 8 vol. in-4° broch.

29. Œuvres choisies de saint François de Sales. *Paris, Royer*, 1890, 5 vol. in-8° broch.

30. Œuvres complètes de Bossuet, évêque de Meaux. *Paris, Berche* et *Tralin*, 1887, 10 vol. gr. in-8° broch.

31. Œuvres complètes de Bourdaloue. *Lyon, Briday*, 1883, 6 vol. gr. in-8° broch.

32. Œuvres complètes de Massillon, évêque de Clermont. *Lyon, Briday*, 1888, 3 vol. in-8° broch.

33. Les Œuvres de sainte Thérèse. *Paris, P. Le Petit*, 1676, in-4° v. b.

34. Faber (R. P.). Œuvres, 4 vol. in-12.

Le Pied de la Croix ; Tout pour Jésus ; Le Précieux Sang ; Conférences spirituelles.

35. Pratique de la perfection chrétienne, par Rodriguez. *Paris, Vivès*, 1854, 4 vol. in-12 broch.

36. De la connaissance et de l'amour du fils de Dieu, par J. B. Saint-Jure. *Paris*, 1878, 4 vol. in 12 broch.

37. Méditations sur les mystères de la foi par le R. P. Louis du Pont. *Avignon, Séguin*, 1847, 4 vol. in-8° br.

38. Méditations pour tous les jours de l'année, par M. Hamon. *Paris, Lecoffre*, 3 vol. in-12 broch.

39. Méditations sur les harmonies de la foi, par Louis du Pont. *Regensburg*, 1867, 6 vol. in-8° broch. (*Texte allemand*).

40. Le directenr de la jeunesse ou la vie et l'esprit de J. J. Allemand, par l'abbé Gaduel. *Paris, Lecoffre*, 1867, in-8° broch.

41. Cours d'instructions familières d'Ange Raineri, traduit par l'abbé Fourot. *Paris, Delhomme*, 1887, 4 vol. in 8° br.

42. Catéchisme de persévérance, par l'abbé Gaume. *Paris, Gaume frères*, 1843, 8 vol. in-8 broch.

43. Le Catéchisme en exemples. *Lille*, 2 vol. in-8° broch.

44. Instruction religieuse en exemples suivant l'ordre des leçons du catéchisme, par Schouppe. *Paris*, 3 in-12. br.

45. Eymard. La divine eucharistie. — La Bouillerie. **Méditations, 4 vol. ; Bibliothèque eucharistique, 4 vol. in-32, cart.**

46. Le sacrifice dans le dogme catholique et dans la vie chrétienne, par Buathier. *Lyon*, 1886, in-8° br.

47. La raison du christianisme, par M. de Genoude. *Paris*, *Pourrat*, 1841, 4 vol in 8° broch.

48. Etudes philosophiques sur le christianisme, par Auguste Nicolas. *Paris*, 1855, 4 vol. in-12 dem. rel.

49. Le christianisme et les temps présents, par l'abbé Bougaud. *Paris*, *Poussielgue*, 1882, 5 vol. in-12 broch.

50. Dieu dans l'école, le Collège chrétien, Instructions dominicales, par Mgr Baunard. *Paris*, *Poussielgue*, 1889, 2 in-8° broch

51. Le Doute et ses victimes. — La Foi et ses victoires, par l'abbé Baunard. *Paris*, 1883, 3 vol, in-8° dont 1 rel.

52. Saint Pierre et les premières années du christianisme, par l'abbé Fouard. *Paris*, *Lecoffre*, 1886, in-8° broch.

53. Lacordaire (œuvres). *Paris*, 1885, 10 tomes en 7 vol. in-12, dont 3 rel.

54. Pensées choisies du P. Lacordaire, 2 in-32; sa vie, par L. M. in-8° broch.

55. Besson (Mgr). Œuvres, 7 vol. in-12 broch.

L'Homme-Dieu ; l'Eglise ; la Vie future ; le Décalogue ; les Sacrements.

56. Frémont. Conférences sur le christianisme. — Vaudon : Entretiens. — Alleaume : Souffrances de J.-C. 2 vol. ens., 4 vol. in-12 broch.

JURISPRUDENCE

57. Le droit français, ses règles fondamentales, par Alfred Jourdan. *Paris*, *Plon*, 1875, in-8° broch.

58. Dalloz.

58 *bis*. Philosophie du droit, par Lerminier. *Paris*, *Charpentier*, 1835, 2 vol. in-8° broch.

59. Sirey.

60. Histoire du droit dans les Pyrénées (comté de Bigorre),

par M. B. de Lagreze. *Paris*, *Imp. Impériale*, 1867, in-8° broch.

61. De l'usage des fiefs et autres droits seigneuriaux, par Messire Denis de Salvaing édit. revue et corrigée. *Grenoble*, *André Faure*, 1731, in-fol. cart. n. rog.

62. Ordonnances sur requête et référé avec formules, par M. Bertin. *Paris*, 1877, 2 vol in-8° broch.

63. Traité des contrats, par le R. P. Gury. *Paris*, *S. D.* 3 vol. in-8° broch.

64. Droit d'hérédité, par Bonnal — Boissonnade, réserve héréditaire, 1875 — Brocher, étude sur la légitime et les réserves, 1868, 3 vol. in-8° broch.

65 Etude médico-légale sur les testaments contestés pour cause de folie, par Legrand du Saulle, 1879. — Ribot, l'hérédité, étude psychologique, 1873. — Franck, philosophie du droit civil, 1886, 3 vol. in 8° broch.

66. Le droit international théorique et pratique précédé d'un exposé historique des progrès de la science du droit des gens, par Charles Calvo, 3e édit. *Paris*, 1880, 3 vol. in-8° broch.

67. Droit international privé, par Pasquale Fiore, trad. de l'italien par Pradier-Fodéré. *Paris*, 1875, in-8° br.

68. Nouveau traité de droit international privé, par C. Brocher. *Genève*, 1876, in 8° broch.

68 *bis*. Les Pandectes françaises par Delaporte et Riffé-Caubray, *Paris*, 1805, 16 vol. in-8 broch.

SCIENCES ET ARTS

I. — SCIENCES PHILOSOPHIQUES

69. Dictionnaire des sciences philosophiques, par Ad. Franck, 2e édit. *Paris*, *Hachette*, 1875, fort vol. in-8° dem chag. pl. toile.

70. Dictionnaire général des Lettres, des Beaux-Arts et

des Sciences morales et politiques, par Th. Bachelet et Dezobry. *Paris, Delagrave*, 1882, 2 vol. gr. in 8° dem. chag. pl. perc.

71. Histoire générale de la philosophie, par V. Cousin. *Paris, Didier*, 1861, in-8° dem. rel.

72. Leçons de philosophie, par Rabier. *Paris, Hachette*, 1884. in 8° broch.

73. Eléments de philosophie, par Charles. *Paris*, 1884, 2 in-8° broch.

74. Philosophie, 9 vol. in-12 broch. par Bouedron, Tridon, Charles Lemoine, Labbé, Jules Simon, etc.

75. Œuvres de Bonald. *Paris, Leclerc*, 7 vol. in 8°, dem. rel. chag. pl. toile tr. dor.

76. Théodicée. Etudes sur Dieu, par A. de Margerie. Bossuet, connaissance de Dieu. *Paris*. 3 vol. in-12 br.

77. Gratry. Logique. *Paris*, 1858, 2 in-12 broch.

78. Cousin, du beau, du vrai, du bien. Histoire générale de la philosophie. *Paris, Didier*, 2 vol. in-12 broch.

79. Le nouveau spiritualisme, par E. Vacherot. *Paris, Hachette*, 1884, in-8° broch.

80 Feuillée (A) Histoire de la philosophie. Extrait des grands philosophes. *Paris, Delagrave*, 1877, 2 in 8° br.

81. Boullier (Francisque) Psychologie du plaisir et de la douleur ; notions de philosophie, 3 vol. in-12 broch.

82 Richet. L'homme et l'intelligence — Guyau. L'esthétique. — Preyer. Elém. de physiologie générale. *Paris*, 1884, 3 vol. in-8° broch.

83. La Bruyère. Les caractères. *Paris, Morizot*, 1864, gr. in 8° dem. chag.

84. Pensées de Descartes, Bacon, Leibnitz, publiées par l'abbé Rocher *Tours, Mame*, 1870, 3 vol. in-8° broch.

85. De l'éducation, par Mgr Dupanloup *Paris*, 1881, 3 vol in 12 broch.

86. De la haute éducation intellectuelle, par Mgr Dupanloup, évêque d'Orléans. *Paris* 1866, 3 vol. in-8° broch.

87. Morale, par P. Janet. — La famille, leçons de morale par Marion, 4 vol. in-12 broch.

88. Bastiat. Harmonies économiques. — Baudrillart. Economie politique. — Ducoudray. Histoire sommaire de la civilisation. *Paris*, 1881-86, 3 vol. in-12 broch.

89. Principes métaphysiques du droit suivis de projets de paix perpétuelle, par Kant, trad. par Tissot. *Paris*, 1853, in-8° dem. rel.

90. Histoire des paysans, par E. Bonnemère, 4e édit. *Paris*, 1887, 3 vol in-12 broch.

91. De la création de l'ordre dans l'humanité. — Système des contradictions économiques ou philosophie de la misère, par P. J. Proudhon. *Paris*, 1849-50, 3 vol. in-12 dem. rel.

92 Proudhon. Idée générale de la révolution au XIXe siècle. — La révolution sociale jugée par le coup d'Etat. La fédération et l'unité de l'Italie, son système économique, par J. Vrau, 4 vol. in-12 broch.

93. Destinée sociale, par V. Considérant. *Paris*, 1838, 2 vol. in-8° dem. rel.

II — SCIENCES NATURELLES, ETC.

94. Encyclopédie du XIXe siècle, répertoire universel des sciences et des arts, 3e édit. *Paris*, 1867, 26 vol. — Annuaire encyclopédique, 1859 à 1867, 7 vol. ens. 33 vol. in-8° dem. rel. chag.

95 Exposition du système du monde, par le comte de Laplace. *Paris, Veuve Courcier*, 1813, 2 vol. in-8° dem. rel.

96. La terre avant le déluge, par L. Figuier. *Paris, Hachette*, 1879, in-8° fig. dem. chag. tr. dor.

97. Révolution de la mer, déluges périodiques, par J. Adhémar. *Paris*, 1860, in-8° texte et planches dem. rel.

98. Les enchaînements du monde animal dans les temps géologiques fossiles primaires, par Albert Gaudry. *Paris, Savy*, 1883, 3 vol. in-8° dem. rel.

99. L'année scientifique, par Figuier et l'année historique, par Zeller. *Paris, Hachette,* 1857-78. 13 vol. in-12 broch.

Figuier : 1er, 2e, 3e, 9e, 10e, 11e, 18e, 20e, 22e. — Zeller : 2e, 3e et 4e.

100. Dictionnaire français illustré et encyclopédie universelle, par Dupiney de Vorepierre. *Paris,* 1876, 2 vol. in-4° dem. rel.

101. Les savants illustres de la France, par A Mangin. *Paris, Ducrocq,* in-8° port. broch.

102. Bibliothèque des Merveilles. *Paris, Hachette,* 15 vol. broch.

103. Quintillien et Pline le jeune, traduction Nisard. *Paris, Didot,* 1881, gr. in-8 broch.

103 *bis*. La vie psychique des bêtes, trad. de Buchner, par Letourneau. *Paris,* 1881, in-8° cart.

104. De Candolle. L'origine des plantes cultivées. — Botanique, par Desplats et E. Lambert, 3 vol. in-8° et in-12 cart. et broch.

105. Nouvelle flore française, par Gillet et Magne. *Paris,* 1883, in-12 fig. 1/2 rel.

106. Plantes et bêtes, histoire naturelle, par Pizetta. — Mœurs et instincts des animaux, par Pouchet. *Paris,* 1882-87, 2 vol. in-8° broch.

107. A travers champs. Botanique pour tous, par M. Le Breton. *Paris, Rothschild,* 1884, in 8° cart. tr. dor.

108. Traité général de botanique, d'inscription et analytique, par Le Maont et Decaisne. *Paris, Didot,* 1874, in-4° pl. dem. chag.

109. Le livre de la nature, par le docteur Schœlder, traduit par A. Scheler. *Paris,* 1872, 2 in-8° cart.

109 *bis*. Atlas d'histoire naturelle, végétaux, d'après Moritz Willkomm, par Grœnland. *Paris, S. D.* gr. in-8° fig. col. cart.

110. Brochures sur la vigne et le phylloxera. 16 broch. in-4° et in-8°.

111. Traité pratique sur la culture de la vigne avec l'art de faire le vin, l'eau-de-vie, le vinaigre. *Paris, Delalain,* 1801, 2 vol. in-8° bas. un.

112. Le vin, par de Vergnette-Lamotte. — Le clos Vougeot. — Art de faire les vins de fruits, 3 vol. in-12 broch.

113. M. Pasteur. Histoire d'un savant, par un ignorant. — M. Pasteur et la rage. — Une cure d'eau, par Kneipp, 3 vol. in-12 broch.

114. Manuel d'anatomie comparée, par C. Gegenbaur, trad. par C. Vogt *Paris*, *Reinwald*, 1874, fort. vol. in-8° cart.

115. Anatomie et physiologie animales, par Perrier. — Physiologies végétales, par Baillon. *Hachette*, 2 vol. in-8° broch.

116. Le corps humain, par G. Witkowski, 3e édit. *Paris*, *Steinheil*, S. D. in-8° broch. et atlas cart.

117. Structure et physiologie de l'homme démontrées à l'aide de figures coloriées, découpées et superposées, par A. Comte. *Paris*, *Masson*, 1881, in-12 cart.

118. Calendarium medicum ad usum saluberrimæ facultatis parisiensis *Parisiis*, 1768 et 1786, 2 vol. in-32, le premier relié, le second dérelié. — Etrennes d'un médecin pour l'année 1788. *Paris*, *Mequignon*, 1788, in-12, vol. fil.

119. Anthropogénie ou Histoire de l'évolution humaine, par E. Haeckel, trad. par Letourneau. *Paris*, *Reinwald*, 1877, gr. in-8°, pl. cart. n. rog.

120. Histoire de la création des êtres organisés d'après les lois naturelles, par E. Haeckel, tr. par Letourneau et G Martins, 2e édit. *Paris*, *Reinwald*, 1877, gr. in-8°, fig. cart.

121. La civilisation primitive, par Edward Tylor, trad. de l'anglais par Brunet-Barbier. *Paris*, *Reinwald*, 1878, 2 in-8°, cart. n. rog.

122. L'origine des espèces au moyen de la sélection naturelle, par C. Darwin, trad. par Moulinié. *Paris*, *Reinwald*, 1873, in-8°, cart. n. rog.

123. L'évolution mentale chez les animaux, par J. Romanes. — Essai sur l'instinct, par Darwin, trad. par Henry de Varigny. *Paris*, *Reinwald*, 1884 in-8°, cart.

124 Lamarck. Philosophie zoologique, trad. par Charles Martin. *Paris*, *Savy*, 1873, 2 in-8°, dem. rel.

125 Histoire naturelle générale des races organiques, par J. Geoffroy Saint-Hilaire. *Paris*, *Masson*, 1854, 3 vol. in-8°, dem. rel.

126. L'hérédité psychologique, par T. Ribot. *Paris*, *Germère-Baillère*, 1882, in-8°, dem. rel.

127. Traité de zoologie, par le Dr Claus, trad. et annoté par Moquin-Tandon. *Paris*, *Savy*, 1878, fort vol. in-8°, dem. rel.

128. Chimie de Boutet de Monvel, 7e édit. — Ganot. Physique, 1874. — Delaunay. Mécanique, 1873. — 3 vol br.

129 Éléments de géométrie, par Bos — Pichot. Géométrie mécanique et trigonométrie. *Paris*, *Hachette*, 4 vol. in-8°, broch.

130. Liégois. De la suggestion et du somnambulisme. — Elie Méric. Le merveilleux et la science, 2 vol. in-12, br.

131 Les hallucinations télépatiques, par Gurney, trad. par Mariller. *Paris*, 1891 — Théosophie chrétienne, par lady Caithness, 1882. Légende de rêves et de sang, livre II. — René Ghil. Le geste ingénu, 1887. — Pharmacothérapie dosimétrique, par Laura, trad. par Gras, 1887, 4 vol. in-8°, broch.

132. Tuileur général de la Franc Maçonnerie ou Manuel de l'initié, par Ragon. *Paris*, S. D., in-8°, broch.

133. Taxil (Léo). Les Frères Trois-Points, le culte du Grand Architecte, les Sœurs Maçonnes, Confessions. *Paris*, 4 vol. in-12, broch.

134. Taxil Révélations sur la Franc-Maçonnerie. Les Frères Trois-Points. Les Sœurs Maçonnes. Le culte du Grand Architecte. *Paris*, S. D. 4 tomes en 2 vol. dem. chag.

135. Physiologie du goût, par Brillat-Savarin. — La gastronomie. *Paris*, *Garnier frères*, S. D., in 8°, dem. chag. rouge.

III. — ART MILITAIRE

HISTOIRE DES GUERRES ET DES ARMÉES

136 Examen critique des anciens historiens d'Alexandre-le-Grand, par M. Sainte-Croix, 2e édit., *Paris*, *Grand*, 1810, in-4°, dem. rel.

137. Alphabet de l'art militaire de Jean Montgeon, nouv. édit., publiée par le comte Bremond d'Ars. *Angoulême*, 1875, in-8°, broch., tiré à 100 exemplaires. L'un des 25 sur papier de Hollande.

138. Le parfait ingénieur français ou la fortification offensive et défensive. *Amsterdam*, 1734, in-4°, fig. v. b.

139. Traité de l'attaque et de la défense des places par le maréchal de Vauban. *La Haye, P. de Hondt*, 1742, 2 vol. in-8°, v. m.

140. Mémoire de M. de Cormontaigne (sur la défense des places). 3 vol. in-fol. max. oblongs, rel. en parchemin.

Recueil de dessins des fortifications au trait et au lavis, donnant le relevé des places fortes de l'Alsace, de la Lorraine, du Luxembourg, etc. Il se compose d'environ 350 feuilles, la plupart pliées

141. Traité de la sûreté et conservation des Etats par le moyen des forteresses, par Maigret, ingénieur en chef. *Paris*, 1770, in-12, v.

142. Revue d'artillerie, 7e année, 1878-79, in-8, en liv.

143. Maniement d'armes, d'arquebuses, mousquetz et piques, en conformité de l'ordre de Mgr le prince Maurice d'Orange, représenté par figures par Jacques de Gheyn. *Amsterdam*, 1608, planches séparées, in-fol.

144. Costumes militaires par Lalaisse et autres. 10 feuilles in-fol. lith. — Portraits de généraux et autres officiers des armées, 12 pièces.

145. Feux de guerre et tir incliné de l'infanterie, par Paquié. — Tir en terrain varié. — Travaux de campagne. — Plessis, cours d'artillerie, etc., 6 vol. in-8° et in-12

146 Géographie stratégique, par Sironi. *Paris, Dumaine*, 1875, in-8°, broch.

147 Cours de législation militaire, par E. Deleperrière. *Paris, Dumaine*, 1879, 4 vol. in-8°, broch.

148. Les méthodes de guerre au XIXe siècle, par le colonel Pierron. *Paris, Dumaine*, 1878, 3 t. en 4 vol. in-12, broch.

148 *bis*. Études de guerre, par le général Lewal. *Paris, Dumaine*, 1873-1883, 5 vol. in-8°, broch., 1 cart.

149. Relation de l'expédition de Carthagène par les Français en 1697. *Amsterdam*, 1778, pet. in 12, cart.

150. Histoire de la dernière guerre avec la Vie du prince Eugène, par Massuet. *Amsterdam*, 1737, 4 vol. — Histoire des guerres de Flandres, par le colonel Bentivoglio. *Paris*, 1669, 2 in 12, v. j.

151. Mémoires du marquis de Maffei. *Venise*, 1741, 2 v. — Histoire de la guerre de 1741. *Amsterdam*, 1755, 2 part en 1 vol. in-12 rel.

152. Commentaires sur les mémoires de Montecuculi, généralissime des armées de l'empereur, par M. le comte Turpin de Crissé. *Paris*, *Lacombe*, 1769, 3 vol. — Commentaires sur les institutions de Végèce, par le même, 2e édit. *Paris*, *Lyon*, 1883, 2 vol. ens. 5 vol in-4, cart.

153. Instructions militaires du roi de Prusse pour ses généraux, publiées par Faesch, avec 13 planches. *Londres*, 1762, in-12, dem. rel.

154. Mémoires de J.-B. de La Fontaine, inspecteur général des armées du roy. *Cologne*, *P. Marteau*, 1699, in-12, v. b.

155. Mémoires politiques et militaires pour servir à l'histoire de Louis XIV, de Louis XV et du duc de Noailles. publiées par l'abbé Milot. *Paris*, *Moutard*, 1777, 6 t. en 3 vol. in-12, v. m.

156. Discours de J. L. Hessig pour la translation du corps du maréchal de Saxe. *Strasbourg*, 1777 — Pour la bénédiction des guidons du régiment du roi dragon à Auch, par l'évêque de Lescar. *Pau*, 1782. — Sermon de charité par l'abbé de Boismont, à l'occasion de l'établissement à Pau d'une maison de santé pour les ecclésiastiques et les militaires, 1782, 3 broch in-4.

157. Histoire du Prince Eugène de Savoye. *Vienne en Autriche*. *Triffaut*, 1755, 5 vol. in-12 v. m.

158. Histoire de Maurice de Saxe. *Dresde*, 1770, 2 vol. — Mémoires pour servir à la vie de Catinat, 1775, ens. 3 vol. in 12 v. m.

159. Mémoires de M. le marquis de Feuquière, contenant ses maximes sur la guerre. *Paris*, *Jombert*, 1775, 4 t. en 2 vol. in-12 dem. rel.

160. Plans et journaux des sièges de la dernière guerre de Flandres, rassemblés par deux capitaines au service de la France (d'Illens et Funck). *Strasbourg, M. Pauschinger*, 1750, in-4, pl. cart.

161. L'armée de la Révolution. Dubois Crancé, 1747-1814, par Jung, 1884, 2 vol. — Les armées françaises et étrangères en 1874. *Paris, Hachette*, 1875, in-12 broch.

162. Précis ou histoire abrégée des guerres de la Révolution française, 1791-1815, par Tissot. *Paris, Raymond*, 1821, 2 in 8 dem. rel. v. n. rog.

163. Guerre de la Vendée et des Chouans, par Lequinio, député du Morbihan, 2e édit. *Paris, Pougin*, an III in-8, broch.

164. Journal militaire d'un chef de l'ouest, par le baron de Charette. *Paris, Dentu*, 1842, broch. in-8.

165. Mémoires militaires du baron de Seruzier, mis en ordre par Le Miere de Corvey. *Paris*, 1823, in 8, broch.

166. Journal de l'armée, 1834-35. — Revue militaire, 1833, 2 vol. in-8, rel. et liv.

167. Mémoires d'histoire militaire, par E. de la Barre Duparcq. *Orléans, E. Colas* 1861-68 en un fort vol. in-8, dem. rel.

168. Tableau de la situation des établissements français dans l'Algérie. *Paris, Imp. royale*, 1839-1845, 1867 à 1872, 8 vol. in 4, dem. rel., le dernier broch., cart.

169. L'armée du Rhin, par le maréchal Bazaine. *Paris*, 1872, in 8, pl. broch.

170. Mémoires du capitaine Jullien, du 3e dragons, sur la guerre de 1870 et les moyens de reprendre l'Alsace et la Lorraine. *Tours*, 1874, in-8, broch.

171. Von der Goltz, la nation armée. — Juteau, campagne de l'Est, etc., 5 vol. in 8 et in-12 broch.

172 Français et Allemands, par Dick de Lonlay. *Paris' Garnier frères*, 4 vol. pet. in-8. fig. broch.

173. **Aperçu historique, statistique et clinique sur le service des ambulances et des hôpitaux de la Société**

française de secours aux blessés des armées de terre et de mer pendant la guerre de 1870-71, par le Dr J.-C. Chenu. *Paris, Dumaine*, 1871, 2 vol. in-4 broch.

Le t. II, vol. composé de plus de 1000 pages, contient les noms de tous les blessés ayant survécu à leurs blessures.

174. Le général de Sonis, par Mgr Baunard. *Paris, Poussielgue*, 1891, in-8, broch.

175 Nos gloires militaires au Tonkin — Les marins français, par Dick de Lonlay, *Tours et Paris*, 3 vol. in 8, fig. broch.

176. État des troupes d'infanterie, cavalerie et dragons, qui sont à présent en France, avec leur création. (*A la suite*) : Description du royaume de France présentée au roy le premier jour de cette année. Orléans, *chez la Ve d'Abraham Isaac et Charles Jacob*, 1726, in 4 de 8 pp.

On a ajouté 12 pages : Promotion d'officiers généraux du premier avril 1719.

177. État militaire de la garde nationale à cheval de Paris, année 1814 (du 31 mars au 1er juillet). — Annuaire de l'état militaire de France pour 1831. 1 vol. — Mémorial du service militaire pour tous les jours de la semaine, 1815. 3 vol. in 8 et in-32 rel.

178. État militaire de Roussel. 1776, 77, 78, 82, 83, 85, 86, 88, 89. 9 vol. in 12 rel.

179. État militaire de France pour l'année 1760, par Longchamps et le chevalier de Montandre. *Paris, Guillyn*, 1760, in-12 dérelié. — Calendrier des princes et de la noblesse de France pour 1767. *Paris, Ve Duchesne*. — Calendrier de la Cour impérale pour 1806, 3 in-12, v. m.

180. État de la maréchaussée au 1er janvier 1788, *Imp. Royale*. — Etat de la Marine, armée commune 1790. — Etat du corps impérial du génie. *Paris, Imp. Impériale*, 1811, 3 vol. in-12 broch. et rel.

181. Règlement sur les uniformes des généraux, officiers des états majors, du génie, inspecteurs aux revues, commissaires des guerres, etc. Broch in-8 avec 13 planches. (*Journal militaire nivôse, an XII.*)

181 bis. Portrait du chevalier Jules Lefèvre, chef de bataillon à la Légion de la Haute-Vienne en 1818, né en 1774. Miniature peinte en 1802 à Lausanne alors qu'il était sous-lieutenant à la 37e demi-brigade (*encadré*).

IV. — BEAUX-ARTS

182. Le beau dans la nature et dans les arts, par l'abbé Gaborit, professeur d'archéologie au petit séminaire de Nantes. *Paris*, *Lecoffre*, S. D. 2 vol. in-8 broch.

183 Bibliothèque de l'enseignement des Beaux Arts. L'art chinois, Architecture étrusque, Broderies, Manuscrits et Miniatures, 4 vol. in-8, cart.

184. Bibliothèque de l'enseignement des Beaux-Arts, 7 vol. in-8 brochés.

Peinture italienne, anglaise, flamande et hollandaise ; archéologie grecque, mythologie grecque, précis de l'histoire de l'art.

185. Monuments d'architecture, de sculpture et de peinture de l'Allemagne depuis l'établissement du christianisme jusqu'aux temps modernes, par Ernest Forster. *Paris*, *Morel*, 1866, 4 vol in 4 cont. env. 170 planches gravées, broch.

186. Chapelles de Notre-Dame de Paris. Peintures murales exécutées sur les cartons de Viollet-le-Duc relevées par M. Ouradon, *Paris*, *A. Morel*, 1867, in-4, 62 pl. en chrom. avec texte, en carton.

187. La peinture murale décorative dans le style du Moyen-Age, 36 planches en couleur et or, publiée par Audsley. *Paris*, *Didot*, 1881, in-fol. en cart.

188. Ornements du Moyen Age, par Charles Heideloff. 200 planches avec texte. *Paris*, *Morel* in-4 en cart.

189 Le portefeuille des industries d'art, épaves des temps passés appropriées aux goûts et aux besoins de l'industrie, par E. Guichard. *Paris*, *Baudry*, in-fol., 56 planches en 1 carton.

190. Ornements tirés des quatre écoles, par Martin Riester.— Recueil d'ornements et de meubles, style XVIe,

XVIIe et XVIIIe siècles, par Feuchère et Regnier. *Paris, Morel* S. D. 2 vol. in 4, cont. 380 planches en cart.

191. Le costume historique. 500 planches en or, argent, en couleur et en camaïen. publié sous la direction de Racinet. *Paris, F. Didot*, 1836, 20 liv. in-fol. en cart.

192. Mœurs, usages et costumes au Moyen Age et à la Renaissance, par P. Lacroix. *Paris, F. Didot*, 1877, gd in-8, pl. en couleur, dem. chag. t. dor.

193. JOURNAL L'ART de l'origine à 1887, *Paris*, Librairie de l'Art, 1875 à 1887, 40 vol. in fol. planches gravées broch.

Important ouvrage contenant de nombreuses planches gravées à l'eau forte par les plus célèbres maîtres modernes.

193 *bis*. Volumes illustrés, cart. tr. dor. 3 vol. in-8°.

Fabiola, par le cardinal Wiseman. L'air et le monde aérien, par Mangin. — Deslys, l'héritage de Charlemagne.

194. Album des peintres de l'École française. *Paris*, S. D. gd in 8 broch.

195. Les artistes français contemporains : peintres sculpteurs, par V. Fournel. *Tours*, 1884, in-8, fig. broch.

196. Peintres et graveurs, sculpteurs et architectes. — La justice et les tribunaux. *Paris, Didot*, 3 in-8, fig. broch.

197. Dessins de maîtres anciens reproduits par les procédés de A. Braun, planches in fol. sur bristol teinté.

198. Vues d'optique, France et étranger, 80 pièces coloriées remontées en un album gd in fol. cart.

199. Formulaire de l'ingénieur constructeur, par Armengaud, 1873, in-12, broch.

200. Les jeux de la jeunesse, leur origine en histoire, par F. Dillaye. *Paris*, 1885, in 8, fig. cart.

201. Expositions universelles françaises et étrangères, 50 vol. in-8 rel. et broch.

Rapports des jurys et catalogues.
Expositions de 1823, 1827, 1834, 3 vol. — 1839, 3 vol. — 1844, 3 vol. — 1849, 3 vol. — 1851, travaux de la commission, 13 vol. — 1855, 2 vol. — 1867, rapport du jury international, 13 vol. — 1878, catalogues officiels, etc., 9 vol.

BELLES-LETTRES

I. — LINGUISTIQUE

202. Manuel de philologie classique, par Salomon Reinach. *Paris, Hachette*, 1883, 2 vol. in-8°, broch.

203. Revue de philologie, année 1885, en 4 fasc. in-8° broch.

204. Acta societatis philologæ Lipsiensis, tomus VI. *Lipsiæ*, 1876, in-8° broch.

205. La linguistique dévoilée, par Levy-Bing. *Paris, Wieweg*, 1883. gr. in 8° broch.

206. La Science du langage, par Max. Muller, trad. par G. Harris et G. Perrot. *Paris, Durand*, 1864, in-8° broch.

207. Dictionnaire d'argot ou études de philologie comparée sur l'argot, par Francisque Michel. *Paris*, 1876, in 8 broch.

208. Grammaire grecque, par T. Koch, trad. par l'abbé Rouff. *Paris, A. Colin*, in-8 broch.

209. Langue grecque. Essai de métrique grecque, par Chaignet. — Madvig, syntaxe. — Dubner, lexique français-grec. 5 vol. in-8 broch. et cart.

210. Grammaires grecques, par Courtaud-Diverneresse, Sommer et Theil. 3 vol. in-8 broch.

211. Grammaires grecques, par Bailly, Chassang, Clairin, Henry, Ragon, Tournier, 7 vol. in-8 cart.

212. Histoire de la langue française, par E. Littré. *Paris, Didier*, 2 vol. in-12 broch.

213. Dictionnaire étymologique ou origines de la langue française, par M. Ménage, édit. avec les origines françaises, par M. de Caseneuve. *Paris, Anisson*, 1774, in-fol. v. b.

214. Dictionnaire d'étymologie française d'après les résultats de la science moderne. *Paris*, 1888, gr. in 8 broch.

215. Dictionnaire étymologique et explicatif de la langue française, par Ch. Toubin. *Paris, Leroux*, 1887, in 8 br.

216. Dictionnaire étymologique des mots français dérivés du grec, par Morin. *Paris, Warée* 1803, in-8 dem. rel.

217. Dictionnaire étymologique de la langue française, par L.-F. Gauffret. *Paris, Dugour, an VII*, 2 vol. in 18 bas. m.

218. Essai sur les voix de la langue française, par P. Morel. *Paris, Le Normant*, 1804, in-8 dem. rel.

219. Brachet. Grammaire historique de la langue française. *Paris, Hetzel*. S. D. in-12 dem.-chag.

220. Grammaire historique de la langue française, par Brunot. *Paris*, 1887, in-12 cart.

221. Observation sur l'ortographe française, par A.-F. Didot. *Paris, Didot*, 1864, gr. in-8 broch.

222. Grammaire comparée de la langue française, par Ayer. *Bâle*, 1885, in-8 broch.

223. Grammaire historique et dictionnaire étymologique de la langue française, par Auguste Brachet. *Paris, Hetzel*, 2 vol. in-12 broch.

224. Dictionnaire des synonymes de la langue française, par Lafaye. 5e édition. *Paris, Hachette*, 1884, fort vol. in 8, dem.-rel. chag. pl. perc.

225. Vocabulaire du Berry et de quelques cantons voisins par un amateur de vieux langage (le comte Jaubert). *Paris, Roret*, 1842, in-8 broch.

226. Lacurne de Saint-Palaye. Dictionnaire historique de l'ancien langage françois, ou Glossaire de la langue françoise depuis son origine jusqu'au siècle de Louis XIV, publié par Favre. *Niort*, 1879, 10 vol. in-4 broch.

227. Dictionnaire de la langue française, par E. Littré. *Paris, L. Hachette et Cie*, 1873-1879, 5 vol. in-4, dem.-rel.

228. Les Origines indo-européennes ou les aryas primitifs, essai de paléontologie linguistique, par Adolphe Pictet, *Paris, Cherbuliez*, 1859 1863, 2 vol. gr. in 8, la 1re partie en dem.-rel. chag. la seconde broch.

229. Grammaire comparée des langues indo européennes, par. F. Bopp, traduite par Michel Bréal. *Paris, imp. nationale*, 1878-1884, 5 vol. in-8 broch.

230. Toison d'or de la langue phénicienne, par M. l'abbé F. Bourgade, 2e édit. *Paris, B. Duprat*, 1856, in-fol. pl. broch.

231. Grammaire javanaise, accompagnée de fac simile et d'exercices de lecture, par l'abbé P. Favre. *Paris, imp. impériale*, 1866, in-8 broch.

232. Dictionnaire javanais français, par l'abbé P. Favre. *Vienne, imp. impériale*, 1870, in-8 broch.

233. Dictionnaire futunien-français avec notes grammaticales, par le P. Grézel. *Paris*, 1878, in-8 broch.

234. Éléments de la grammaire chinoise, par Abel Rémusat. *Paris*, 1857, in 8 broch.

235. Dictionnaire français-chinois, 2 vol. in-8, autographiés en Chine.

236. Dictionnaire français-arabe, par Paulmier. — Grammaire arabe, par Bellemaire. *Paris, Hachette*, 2 vol. in-8 et in-12, broch. et cart.

237. Legouvé. L'art de la lecture. — Bourgain. L'art de la diction. — Branchereau. Lecture à haute voix, 3 vol. in-12 broch.

238. Les Plaidoyers politiques de Démosthène, texte grec, publiés par H. Weil, 1re série. *Paris, Hachette*, 1883, in-8 broch.

II. — POÉSIE. — THÉATRE

239. Études sur la poésie latine, par Nisard et par Patin. *Paris, Hachette*, 4 vol. in-12 broch.

240. Horace. Œuvres complètes, traduction Panckoucke. *Paris, Garnier*, in-12 broch.

241. Publii Virgilii Maronis opera. *Lutetiæ Parisiorum, Coustellier*, 1745, 3 vol. in-12, dem. rel. chag., tête dor., n. rog.

242. Œuvres de Virgile, texte latin, publié par E. Benoist. *Paris, Hachette*. 1876-1882, 3 vol. in-8 broch.

243. Classiques latins, publiés par Bender, Berger, Haenny, Meissner et autres. *Paris, Klincksieck,* 10 vol. in-12 cart.

244. Malherbe et la poésie française à la fin du XVIe siècle, par G. Allais. *Paris, Thorin,* 1892, in-8 broch.

245. Fallex. Anthologie des poètes et des prosateurs. Gidel, littérature. *Paris, Lemerre,* 9 vol. in-18 cart.

246. Sainte-Beuve, poésies complètes. *Paris, Michel Lévy,* 1863, 2 vol in 8 broch.

247. Hugo (Victor). Les orientales les voix intérieures, les contemplations, William Shakespeare. *Paris, Hachette,* 1881-1884, 5 vol. in-12 broch.

248. Lamartine. Méditations, lectures pour tous, extraits de son œuvre, 3 vol. in-12, 2 rel., 1 broch.

249. Le livre d'un père, par Victor de Laprade. *Paris, Hetzel* in-8, fig., dem.-chag., tr. dor.

250. Œuvres poétiques de l'abbé Guiot. *Orléans, H. Herluison* 1881-1883. 3 vol. in-16 pap. teinté broch.

251. Villemin. Sonnets d'outre-tombe. *Orléans, H. Herluison,* 1877, in-12 broch.

252. Œuvres de Paul Véron. *Orléans, H. Herluison,* 1890, 2 vol. in-12, port., broch.

253. Mireille, par Mistral, 1859. — Li prouvençalo. Lis oubreto, par Roumaille. — Armana prouvencau, 1856. 4 vol. in-12 broch.

254. Jérusalem délivrée, poème en 20 chants, par T. Tasso. *Tours, Mame,* 1880, in-8. — Camoens. Les Lusiades. *Charpentier,* 1866, in 12 broch.

---

255. La Comédie grecque, par Jacques Denis. *Paris, Hachette,* 1886, 2 vol. in 8 broch.

256. Æschyli et Sophoclis, tragædiæ, græce et latine. *Parisiis, F. Didot,* 1856, gr. in-8, dem.-chag.

257. Les tragédies de Sophocle, texte grec, publié par E. Tournier. *Paris, Hachette,* 1867, in-8, dem.-chag.

258. Les Comédies de Térence, traduction nouvelle par Bétolaud. *Paris, s. d.,* in-12, dem.-chag.

259. Histoire du théâtre français, par H. Lucas. 1862, 2 vol. — Despois. Théâtre français sous Louis XIV. — Fournel. Curiosités théâtrales, 6 vol. in-12 broch.

260. Les Comédiens en France au moyen âge, par Petit de Julleville, 1885. — Deschanel. La Vie des comédiens, 2 vol. in-12 broch. et cart.

261. Janin (J.). Histoire de la littérature dramatique. *Paris, C. Lévy*, 1855-1858, 6 vol. in-12 broch.

262. Mémoires de Fleury, de la Comédie française, publiés par Laffitte. *Paris*, 1847, 2 vol. in 12 dem. rel.

263. Œuvres complètes de Molière. *Paris, Furne*, 1880, 2 vol. in-8 dem.-rel. chag., tr. dor.

264. Molière. Étude par Édouard Fournier, par Jules Loiseleur. — Autour de Molière, par Baluffe, 3 vol. in-12 broch.

265. Œuvres de J. Racine, édition des grands écrivains, revue par P. Mesnard. *Paris L. Hachette*, 1865-1875, 5 vol. in-8 broch.

266. Chefs-d'œuvres des auteurs comiques. *Paris. Didot*, 8 vol. in-12 broch.

267. Labiche. Théâtre. *Paris, C. Lévy*, 1884-1888, 7 vol. in 12 broch.

268. Les Deux masques, tragédie-comédie, par Paul de Saint-Victor. *Paris, C. Lévy*, 1884, 3 vol. in-8 broch.

III. — LITTÉRATURE

269. Art de lire et d'écrire, 4 vol. in-8, cart. et brochés.
Autobaxie par A. Comte. — Statilegie par de Bourrousse. — Analyse de la Tachygraphie par Guégan. — Pasigraphie.

270. Dictionnaire universel des littératures, par G. Vapereau, 2e édit. *Paris, Hachette*, 1884, fort vol. in-8 demi-chag. pl. toile.

271. Egger. L'Hellenisme en France, leçon sur l'influence des études grecques, 2 vol. — Mémoires de littérature ancienne, 1 vol. — Ens. 3 vol. in-8 broch.

272. Histoire de la littérature grecque par Croiset. *Paris, Thorin*, 1890, 3 vol. in-8 broch.

273. Histoire de la littérature grecque, par Muller, 3 vol. par Pierron, 1 vol., ens. 4 vol. in-12 broch. et rel

274. Études sur les tragiques grecs, par Patin, *Paris, Hachette*, 1882, 4 vol. in-12 broch.

275. Martha. Le poème de Lucrèce. — La délicatesse dans l'art. 3 vol. in-12 broch.

276. Girard. Études sur la poésie grecque, l'éloquence attique et le sentiment religieux en Grèce. — Ampère, la Grèce, Rome et Dante. — Fustel de Coulanges, la cité antique. 5 vol. in-12 broch.

277. Histoire de la littérature romaine par Pierron. — Demogeot, littératures étrangères, 2 vol. *Paris, Hachette*, 1882-84, 3 vol. in-12 broch.

278. Histoire de la littérature romaine, par Teuffel, traduite par Bonnard et Pierson. *Paris, Wieveg*, 1883, 3 vol. gr. in-8 broch.

279. Cicéron, par Gaston Boissier, Dubois-Guchan, Gache, 3 vol. in-12 broch.

280. Bréal et Bailly. Les mots latins. — Morlaix, litt. latine etc., 4 vol. in-8 et in-12 cart.

281. Merlet. Études littéraires sur les classiques grecs, latins et français. *Paris, Hachette*, 1885, 4 vol. in-12 broch.

282. Histoire de l'éloquence latine depuis l'origine de Rome jusqu'à Cicéron, d'après les notes de Berger, par V. Cucheval. *Paris, Hachette*, 1872, 2 in-8 broch.

283. Les épopées françaises, par Léon Gautier. *Paris, Palmé*, 1878-1880, t. 1, 3 et 4, in-8 broch.

284. Histoire de la littérature française, par Geruzez. *Paris*, 1884, 2 in-12 broch.

285. Nisard. Histoire de la littérature française. *Paris, Didot*. 4 vol. in-12 broch.

286. Brunetière. Histoire de la littérature, 3 vol. — Questions de critique, ens. 5 vol. in-12 broch.

287. Saint-Marc-Girardin. Cours de littérature française. *Paris, Charpentier*, 5 vol. in-12 broch.

288. Mennechet. Cours complet de littérature moderne et littérature grecque. *Paris, Garnier*, 5 vol. in-12 broch.

289. Albert. Littérature française. — La poésie, la prose. *Paris, Hachette*, 6 vol. in-12 broch.

290. Villemain. Cours de littérature française et mélanges littéraires. *Paris, Didier*, 7 vol. in-12 broch.

291. Bonnefon. Les écrivains célèbres de la France. — Faguet. Grands maîtres et études littéraires. — Jacquinet. Femmes de France. — Réaume. Prosateurs français. 6 vol in-12 broch.

292. Paris (Gaston). La littérature et la poésie française au moyen âge. 2 vol. in-12.

293. Littérature française, par Demogeot, Pelissier, Mestre, Jamey, Montégut, etc. 20 vol. in-12 broch.

294. Feugère. Caractères et portraits. — Chauvin et Le Bidois. La littérature française par les critiques contemporains. 4 vol. in-12 broch.

295. Histoire littéraire de la France sous Charlemagne, par Ampère. — Villemain. Souvenirs contemporains. — Longhaye, littérature. *Paris*. 3 vol. in 8 broch. et rel.

296. Histoire de la littérature moderne. La réforme de Luther à Shakespeare, par Marc-Monnier. *Paris, Didot*, 1885, 2 in-8 broch.

297. Compositions latines et françaises, par Pierrot Deseilligny, Leroy et Condamin. *Paris*, 5 vol. in-8 broch.

298. Tableau de la littérature française, par G. Merlet. *Paris, Hachette*, 1883, 3 vol. in-8 broch.

299. Histoire de la littérature espagnole, par Baret. *Paris*, 1863, in-8 demi-chag.

---

300. L'Heptameron des nouvelles de Marguerite d'Angoulême, royne de Navarre. *Paris, Lemerre*, 3 vol. in-16 pap. vergé broch.

301. Œuvres complètes de la Fontaine, nouv. édit. revue par Louis Moland. *Paris, Garnier frères*, S. D. 7 vol. in 8. fig. demi-rel. chag. vert.

302. Chateaubriand. Le génie du christianisme, Les Martyrs. *Tours et Paris*, 2 vol. in-8 et in 12, rel. et br.

303. Sainte-Beuve. Portraits de Femmes. Lettres à la princesse. Souvenirs et indiscrétions. — P. J. Proudhon. Étude sur Virgile. Mme Desbordes Valmore. Correspondance. Discours sur les prix de vertu. 10 vol. in-12 1 rel.

304. Sainte-Beuve. Causeries du lundi, 15 vol. — Nouveaux lundis, 13 vol. portraits littéraires, 3 vol. portraits de femmes, 1 vol. Étude sur Virgile, d'Haussonville, Sainte-Beuve, 34 vol. in-12. broch.

305. Taine. Lafontaine et ses fables. — Essais sur Tite Live. — Nouveaux essais de critique, 3 vol. in-12 broch.

306. St Marc-Girardin. La Fontaine et ses fables. — Tableau de la littérature française. — Gazier. Petite histoire de la litt. franc. *Paris*, 4 vol. in 12 broch.

307. Le Jardin des enfants ou légendes pour les enfants, par le P. Hattler. *Lille Desclée*, 4 vol. in-12 demi-chag. tr. dor.

308. Pontmartin (A de). Causeries littéraires. *Paris*, *Lévy*, 6 vol. in-12 broch.

309. Caro. Mélanges et portraits. *Paris*, *Hachette*, 1888, 2 in-12. broch.

310. Camoens, Montalembert, Souvenirs d'Amaury-Duval, Portraits de maitre, par des Essarts. *Paris*, 4 vol. in 12 broch.

311. Lenient. La Satire en France, au moyen âge et au XVIe siècle. — La Comédie en France au XVIIIe siècle. *Paris*, *Hachette*, 5 vol. in-12 broch.

312. Les Récits d'une Sœur, souvenirs de famille, par Mme A Craven. *Paris*, 1884, 2 in-12 broch.

313. Daudet (Alphonse). Tartarin de Tarascon, in-8. Tartarin sur les Alpes, in-12. coll. Guillaume. 2 vol. fig. broch.

314. L'Assommoir, par Emile Zola. *Paris*, *Marpon*, S. D. gr. in-8. fig. dem.-rel.

315. Romans modernes. Plusieurs lots.

316. Correspondance inédite de Mme du Deffand, publiée parle marquis de St-Aulaire. *Paris*, 1859, 2 in-8 dem.-rel. v.

HISTOIRE

I. — GÉOGRAPHIE. — CHRONOLOGIE

317. Nouvelle géographie universelle, par Elisée Reclus. *Paris, L. Hachette*, 1875-1892, 18 vol. gr. in-8, fig. br.

318. Guides Joanne et Richard, 7 vol. in-12 cart.

319. Mappa geographica regni Bohemiæ, in duodecim circulos divisæ xxv sectionibus, exhibita a J. Ch. Muller. 1720, in-folio. max. cart.

320. Carte topographique de l'ancienne Souabe et d'une portion des pays limitrophes, commencée en 1801, par les soins du général Moreau. *Paris, dépôt de la guerre* 1818, in-folio max. dem.-rel.

320 *bis*. Les Contrées mystérieuses et les peuples inconnus, par Tissot et Améro. *Paris, Didot*, 1884, gr. in-8, fig. broch.

321. Gervinus. Histoire du XIXe siècle, depuis les traités de Vienne, traduit de l'allemand, par Minssen. *Paris, Lacroix*, 1864-1870, 23 vol. in-8 broch.

322. Brochures sur l'Amérique. La République argentine, par Napp, 1876. — The travellers guide of pocket Gazetteer of the United-states. *New-York*, 1823, in-12, rel. — La Bolivie, par Faure, etc.

323. Histoire ancienne des peuples de l'Orient, par Maspero. *Paris, Hachette*, 1884, in-12 broch.

324. Mémoires sur l'Indoustan ou empire Mogol, par Gentil. *Paris*, 1822, in-8, v. fil. tr. dor.

On y a joint une lettre autog. de l'auteur au général Brossin.

325. Correspondance de Victor Jacquemont pendant son voyage dans l'Inde. *Paris, Fournier*, 1833, 2 t. en 1 vol. in-8, dem.-rel.

326. Mœurs, institutions et cérémonies des peuples de l'Inde, par Dubois. *Paris, imp. royale*, 1825, 2 in-8, dem.-rel.

327. Histoire générale des Arabes, par Sédillot. *Paris, Maisonneuve*, 1877, 2 vol. in-8, broch.

328. Histoire de la domination des Arabes et des Maures en Espagne et en Portugal, trad. de Conde, par de Marlès. *Paris, Emery*, 1825, 3 t. en 2 vol. in-8, dem.-rel.

---

329. L'Art de vérifier les dates des faits historiques des chartes, des chroniques et autres anciens monuments depuis la naissance de Jésus-Christ, par le moyen d'une table chronologique, édit., revue par un Bénédictin de la congrégation de saint Maur (D. Clement). *Paris, Desprez*, 1770, in-fol. v. porp. fil. tr. m.

330. Annuaire historique de Lesur, *Paris*, 1818 à 1844, 26 vol. in-8, dem. rel. dont 2 broch.

331. Almanachs royaux, 45 vol. in-8, rel. v.

1723 : 33, 36, 40, 42, 43, 46, 47, 58 : 59, 62, 65, 66, 68, 71, 73, 76, 77, 78, 79, 80, 81, 88, 89, 90, 91, 92, 99 ; 1801, 1806, 1813, 1814-1815, 1822 : 24, 28, 30, 38, 48, 49, 51, 52, 53, 54, 55, 56

332. Annuaire des Longitudes. *Paris*, 1818-1826, 1830-1836, 1838, 1839, 1851, 52, 67, 68, 70, 74. 25 vol. in-18, rel. et broch.

333. Almanachs, 6 vol. in-12 et in-32.

Alm. Gotha, pour 1825 et 1857. — Calendrier de la cour pour 1777. *Bruxelles*. Almanach de la cour pour 1816.

333 *bis*. Cérémonies et coutumes religieuses de tous les peuples du monde, représentées par des figures dessinées de la main de Bernard Picart. *Amsterdam*, 1735-1736, 6 tomes en 3 vol. in-fol. Fig. grav., v. m.

II. — HISTOIRE DES RELIGIONS

334. Dictionnaire des antiquités chrétiennes, par M. l'abbé Martigny, nouv. édit. *Paris, Hachette*, 1877. gr. in-8, dem.-chag. pl. perc.

335. Histoire ecclésiastique, par Fleury. *Paris*, 1722-1737. 36 vol. in 4, v. m.

Ex libris du monastère de la Visitation de Beaune, 1738.

336. Les moines d'Occident, par le comte de Montalembert. *Paris, Lecoffre*, 7 vol. in-12, broch.

337. Sainte-Beuve. Port Royal. *Paris*, *Hachette*, 1878, 7 vol. in-12 broch.

338. La vie de sainte Ignace de Loyola, par Sainte-Foi. — Exercices de saint Ignace, 3 vol. in-12 broch.

339. Vie de saint François de Sales, par M. Hamon. *Paris, Lecoffre,* 2 in 8 broch.

340. Histoire de saint François Xavier. — Hist. de saint Ignace de Loyola, par d'Aubignac. *Paris*, 1879, 4 vol. in-12, broch.

341. Histoire de sainte Elisabeth de Hongrie, par le comte de Montalembert. *Paris*, 1880, 2 in 12 broch.

342. Lagrange (l'abbé). Histoire de saint Paulin de Nole, 2 vol. — Histoire de Sainte Paule, 1 vol. in-12 broch.

343. Bougaud (l'abbé). Histoire de Marguerite-Marie, 1 vol. — Sainte Monique, 1. — Sainte Chantal, 2. — Saint Vincent de Paul, 2. — Ens. 6 vol. in-12 broch.

344. Histoire de la Congrégation de la sagesse, fondée par Grignon de Montfort, par le P. Fonteneau. *Paris*, 1878, in-8 broch.

345. Vie du P. Lacordaire, par Foisset, 2 vol. — Vie du P. de Ravignan, par de Ponlevoy, 2. — L'abbé Hetsch, par Mgr Perraud, 1. — Vie de M. Hamon, par L. Branchereau, 1. — In-12 broch.

346. Vie du P. Lacordaire, par Foisset. *Paris*, *Lecoffre*.

347. Vie de Mgr Dupanloup, évêque d'Orléans, par l'abbé Lagrange. *Paris*, *Poussielgue,* 1883-1884, 3 vol. in-8.

348. Vie de Léon XIII, son siècle, son pontificat, par R. O'Reilly, *Paris*, *Didot*, 1887, gr. in 8, fig. broch.

349. L'abbé Barbier. N. S. P. le Pape Léon XIII, étude biographique et littéraire. *Paris*, *F. Didot*, S. D., in 4°. fig. broch.

350. Les Saints de l'église d'Orléans, par l'abbé Th. Cochard. *Orléans*, 1879, in 12 broch.

351. Essai de Mythologie comparée, les traditions et les coutumes, par Max. Muller et G. Perrot. *Paris*, *Didier*, 1873, in-8° broch.

352. Études de Mythologie celtique, par Jules Leflocq. *Orléans, H. Herluison*, 1869, in-12 broch.

353. La Mythologie de la Grèce antique, par P. Decharme. *Paris, Garnier*, 1879, in-8 broch.

354. Boissier. La Religion romaine d'Auguste aux Antonins. — Promenades archéologiques. *Paris, Hachette*, 1884-1887, 4 vol. in-12 broch.

III. — HISTOIRE GRECQUE ET ROMAINE

355. Curtius (E.). Histoire grecque, traduite par Bouché-Leclercq. *Paris Leroux*, 1883, 5 vol. in-8° et atlas. br.

356. La Vie antique, manuel d'archéologie grecque et romaine, trad. par Riemann. *Paris, Rothschild*, 1884, 2 in-8°, fig. cart.

357. Histoire des Grecs, par Victor Duruy. *Paris, L. Hachette*, 1889, 3 vol. gr. in-8°, fig. dem.-chag.

358. Dictionnaire des antiquités grecques et romaines d'après les textes et les monuments, par Ch. Daremberg et C. Saglio. *Paris, L. Hachette*, 1873-1891, 15 fasc. in-4°, broch.

359. Dictionnaire des antiquités romaines et grecques, par A. Rich., trad. par Chéruel. *Paris, Didot*, 1883, in-8° broch.

360. Histoire romaine de Mommsen, traduite par de Guerle. *Paris*, 1882, 7 vol. in 12 broch.

361. Mommsen et Marquardt. Manuel des antiquités romaines. *Paris, Thorin*, 1889-1892, 9 vol. in-8, broch.

Droit public romain, 4 vol. — Organisation de l'Empire, 2. — Organisation militaire, 1. — Le Culte 2.

362. Le Culte impérial, son histoire et son organisation depuis Auguste jusqu'à Constantin, par l'abbé Berlier. *Paris, Thorin*, 1891, gr. in-8° broch.

363. Manuel des Institutions romaines, par Bouché Leclercq. *Paris, Hachette*, 1886, in-8° broch.

364. Martha. Les Moralistes sous l'Empire romain. — Études morales sur l'antiquité. *Paris, Hachette*, 1883, 2 vol. in-12 broch.

365. Rome au siècle d'Auguste, par Dezobry, *Paris, Delagrave*, 1875, 4 vol. in 8°, broch.

366. Suetone. Les douze Césars, trad. Pessonneaux. — Zeller, les Empereurs romains, 2 vol. in-12, broch.

367. Champagny (Comte de). Les Césars et les Antonins. *Paris, Bray*, 1875-1876, 7 vol in-12, broch.

368. Les Manieurs d'argent à Rome jusqu'à l'Empire, par A. Deloume. *Paris, Thorin*, 1892, in-8° broch.

369. Les Institutions de l'ancienne Rome, par Robiou et Delaunay, 3 vol. — Les Dieux de l'ancienne Rome de Preller. *Paris, Perrin*, ens. 4 vol. in-12, broch.

370. Dictionnaire classique de biographie, mythologie et géographie anciennes, traduit de Smith, par Theil. *Paris, Didot*, 1884, pet. in-8° fig. cart.

IV. — HISTOIRE DE FRANCE

372. Joanne. Géographies départementales de la France. *Paris, Hachette*, 80 vol. in-12 cart.

373. Foville. France économique. — Dubois. Géographie de la France. 2 vol. in-12 cart.

374. Les Sources de l'Histoire de France, par Alfred Franklin. *Paris, F. Didot*, 1877, in-8 broch.

375. Dictionnaire historique des institutions, mœurs et coutumes de la France, par A. Chéruel. *Paris, Hachette*, 1880, 2 vol. in-12.

376. Histoire de la civilisation française, par Alfred Rambaud. *Paris, Colin*, 2 vol. in-12 broch.

377. Précis des institutions politiques et sociales de l'ancienne France, par Gasquet. *Paris, Hachette*, 1885, 2 vol. in-12 broch.

378. Les Recherches de la France, d'Estienne Pasquier. *Paris, Sonnius*, 1617, in-4 parch.

379. L'état de la France contenant les princes, ducs, pairs, maréchaux, chevaliers, etc. *Paris, C. Prudhomme*, 1712, 3 vol. in-12 v. j.

380. Annuaire de la Société de l'Histoire de France, 1837, 1838 et 1839, 3 vol. broch — Annuaire de l'Université impériale, année 1810, 1 vol.

381. Recherches sur les prérogatives des dames chez les Gaulois, sur les cours d'amour, etc., par le président Rolland. *Paris, Nyon,* 1787, in-12 dem.-rel., dos et coins, n. rog.

382. Franklin. La Vie privée d'autrefois, l'Annonce et la Réclame, les Cris de Paris, la Toilette, le Savoir-Vivre. *Paris,* 1887. 2 t. en 1 vol. in-12 dem.-chag., tête dor., n. rog.

383. Histoire du Conseil du Roy, par Guillard. *Paris, Coustelier,* 1718, in-4 v. j. — Guyot. Traité sur plusieurs matières féodales, droits seigneuriaux. *Paris,* 1738, in-4.

384. Registre des Consignations de la première et grande Chambre des enquestes Saint-Martin. 1716, registre in-fol., manuscrit contenant environ 100 pages, rel. en parch.

385. Dictionnaire des étiquettes de la cour, par Mme la comtesse de Genlis, *Paris, Mongie,* 1818, 2 vol. in-8 broch.

386. La Comédie satirique au XVIIIe siècle, par Desnoiresterres. *Paris, Perrin,* 1885, in-8 broch.

387. L'Instruction publique en France sous le Gouvernement de juillet, par V. Cousin. *Paris,* 1850, 2 vol in-12 broch.

388. Nos grandes écoles militaires et civiles, par Louis Rousselet. *Paris, Hachette,* 1888, gr. in-8, fig., cart. n. rog.

389. Drumont. La France juive. *Paris,* 2 vol. in-12 broch.

390. Histoire de France, par Charles Lacretelle. *Paris,* 1844, 11 vol. in-8 demi-rel.

391. Michelet. Histoire de France. *Paris, Lacroix,* 19 vol. in-8 broch.

391 bis. Histoire des Français des divers États, ou Histoire de France aux cinq derniers siècles, par A.-Alexis Monteil. *Paris*, 1847, 5 vol. in-8 dem.-rel.

392. Thierry (Augustin). Œuvres. *Paris*, *Garnier frères*, 9 vol. in-12 broch.

393. Gaillard. Histoire de Charlemagne, de François Ier. De la rivalité de la France et de l'Angleterre. *Paris*, *Blaise*, 1818-1819, 12 t. en 6 vol. in-8 dem.-rel.

394. Histoire des Gaulois sous Vercingétorix, par Bosc et Bonnemère, *Paris*, *Didot*, 1882, in-8 dem.-chag., dos et coins n. rog.

395. Mathieu de Coucy, Jean de Troyes, Guillaume Gruel, P. de Fenin, etc., Chroniques sur l'Histoire de France. *Paris*, 1875. gr. in-8 dem.-rel.

396. Le Mistère du siège d'Orléans, publié par MM. Guessard et de Certain. *Paris*, *Imp. Impériale*, 1862, in-4 cart.

397. Histoire abrégée de la vie et des exploits de Jeanne d'Arc, surnommée la Pucelle d'Orléans, par M. Jollois. *Paris*, *imp. P. Didot*, 1821, in-fol., pl., cart.

398. Jeanne d'Arc, par Wallon, Desjardins, Villiaume, Fabre, Tabel, G. Goerres et autres, in-8 et in-12 broch.

399. Jeanne d'Arc à Domrémy, par Siméon Luce. *Paris*, 1886, in-8 broch.

400. L'Armée anglaise vaincue par Jeanne d'Arc sous les murs d'Orléans, par Boucher de Molandon et A. de Beaucorps. *Orléans*, 1892, gr. in-8 broch.

401. Curiosités historiques sur Louis XIII, XIV et XV, par Le Roi, — Desmaze. Curiosités des anciennes justices. *Paris*, *Plon*, 1864-1867, 2 vol. in-8 broch.

402. Deux campagnes de Turenne en Flandre. La bataille des Dunes, par J. Bourelly. *Paris*, *Didier*, 1885, in-12 broch.

403. Correspondance de Roger de Rabutin, comte de Bussy, avec sa famille et ses amis (1665-1692), publiée par L. Lalanne. *Paris*, *Charpentier*, 1858, 6 vol. in-12 dem.-rel. v.

404. Gabriel de Roquette, évêque d'Autun, sa vie, son temps et le Tartuffe de Molière, par H. Pignot. *Paris*, 1876, 2 vol. in-8 broch.

405. Mémoires de la minorité de Louis XIV (par F. de la Rochefoucault). *Amsterdam*, 1723, 2 vol. in-12 v. b.

406. Mémoires de Fouquet, surintendant des finances, publiés par A. Chéruel. *Paris*, *Charpentier*, 1865, 2 vol. in-12 broch.

407. Mémoires du marquis de Beauveau, S. L. (*à la sphère*), pet. in-12 parch.

408. Histoire de Mme du Barry, par Vatel. *Versailles*, 1883, 3 vol. — Quatre femmes au temps de la Révolution, par l'auteur des Souvenirs de Mme Recamier, 1 vol. in-12 broch.

409. Souvenirs de la marquise de Créquy, de 1710 à 1803. *Paris*, *Garnier frères*, 10 t. en 5 vol. in-12 dem.-rel. v. f.

410. La vie de Mme Élisabeth, sœur de Louis XVI, par A. de Beauchesne. *Paris*, *Plon*, 1869, 2 vol. in-8 dem.-rel. dos et coins.

411. Histoire des Girondins, par A. de Lamartine. *Paris*, *Furne* 1847, 8 vol. in-8 broch.

412. Étrennes religieuses destinées à servir de manuel aux fidèles durant tout le temps de la persécution. *Bruxelles*, *Rome* et *Paris*, 1798 à 1809, 11 vol. in-12 broch. dont 1 relié.

V. — HISTOIRE DES PROVINCES

413. Dictionnaire historique de la ville de Paris et de ses environs, par Hurtaut et Magny. *Paris*, *Moutard*, 1779, 4 vol. in-8°, v. m.

414. Dictionnaire topographique des environs de Paris, par C. Oudiette. *Paris*, 1817, in-8° v. j.

415. Le Théâtre des antiquitez de Paris, par Jacques du Breul. *Paris*, *Pierre Chevallier*, 1612, in-4° parch.

416. Description de la ville et des faubourgs de Paris, en 20 planches, dédiée à Mgr Desmaretz, par Jean de la Caille. *Paris, Jean de la Caille*, 1714, in fol. pl. v. b.

417. Historia Ecclesiæ Parisiensis, auctore Gerardo Dubois, aurelianensi cong. oratorii D. N. G. C. presbytero, et ins. eccl. Sancti Martini Turonensis præposito de Sodobrio. *Parisiis, F. Muguet*, 1690, in-fol. front gr. v. b.

Cachet sur le titre. Ex libris. Demarquet, XVIIIe s.

418. Plan de Paris de Turgot. *Paris*, 1734-1739, 20 planches en 1 vol. in-fol. max., mar. rouge dent. et armes de Paris sur les plats.

419. Recherches manuscrites sur le Parlement de Paris, in-fol. dem.-rel. v. rog.

Ce recueil se compose de 435 ff. L'écriture, qui en est serrée, date du XVIIIe siècle.

420. Les Hôtels historiques de Paris, par Georges Bonnefons. *Paris*, 1852, gr. in-8°, fig. demi-rel. chag.

421. Max du Camp. Les Convulsions de Paris. — La Charité privée à Paris. *L. Hachette*, 1886, 5 vol. in-12, broch.

422. Almanach de Versailles, 1774, 1780, 1781, 1784, 4 vol. in-12, rel.

423. Département de l'Oise. Récits statistiques sur Crèvecœur, Croissy, Guiscard, Lassigny, Meru, Mouy, Nivillers, Ribécourt, Songeons, 1829-1839, 10 broch. in-8°.

424. Notice sur l'état ancien et moderne de la province d'Artois (par Buttel). *Paris*, 1748, in-12, v. b.

425. Le premier livre des antiquitez, histoire et choses plus remarquables de la ville d'Amiens poétiquement traicté par Adrian de la Morlière, chanoine de Notre-Dame d'Amiens. *Paris, D. Moreau*, 1637, in-4°, v. f. estampé.

426 Histoire de la ville de Montdidier, par de Beauvillé. *Paris, F. Didot*, 1857, 2 vol. in-4°, fig. broch.

427. Coutumes du Boulonnois, conférées avec les coutumes de Paris, d'Artois etc. par Le Camus d'Houlouve. *Paris, Didot*, 1777, 2 vol. in-4° v. m.

428. Histoire et antiquitez de la ville et duché d'Orléans, par François Lemaire. *Orléans, Maria Paris*, 1648, in-fol. v. m.

429. Histoire de l'Orleannois, depuis l'an 703 de la fondation de Rome jusqu'à nos jours, par le marquis de Luchet. *Paris, Gueffier*, 1766, in-4°, dem. rel.

430. Album du département du Loiret, par C.-F. Vergnaud-Romagnési. *Orléans, imp. Guyot aîné*, 1827, in-fol. pl.

431. Recherches historiques sur la ville d'Orléans, depuis Aurélien jusqu'en 1789. *Orléans, imp. Jacob* et *Niel*, 1836-1845, 8 vol. in-8°, fig. cart.

432. Orléans. Ordonnances, arrêtés et réglements de grande et petite voirie, depuis 1657 jusqu'en 1860, sur les incendies, les pompes funèbres et les cimetières. Ens. 30 pièces imprimées et manuscrites

433. Documents manuscrits des XVIIe et XVIIIe siècles. Ens. 100 pièces.

Concernant des localités du Loiret, Meung, etc., et ou figurent les familles Fera, seigneurs de Rouville, Grateloup et Delahaie, amiraux de la flotte des Indes ; Gaudigny, Colas, Regnard, Bailly, de Rancourt, seigneur de Chaussay, etc.

434. Monuments religieux, civils et militaires du Gâtinais, depuis le XIe jusqu'au XVIIe siècle, par Edmond Michel. *Lyon*, 1878, in-4°, contenant 107 pl. grav.

435. Inscription de l'ancien diocèse d'Orléans. Archidiaconé d'Orléans, par Edmond Michel. *Orléans*, 1885, in-4°, broch.

436. Les Archives de la charité. — Histoire de l'Hôtel-Dieu d'Orléans par l'abbé Be[illegible]u. *Orléans*, S D in-8°, fig. cart.

437. Catalogue des livres de la bibliothèque publique, fondée par M. Prousteau, nouv. édit. *Orléans*, J.-P Jacob, 1777, in-4° rel.

438 Histoire de Blois, par Bergevin et A. Dupré. *Blois, Dézairs*, 1847, 2 vol. in-8° broch.

439. Histoire de la ville de Saint-Aignan (Loir-et-Cher), par Delorme. *Saint-Aignan*, 1846, 2 vol. in-8° broch.

440. Coutume de Normandie expliquée par M. Pesnelle, 3e édit. *Rouen*, *R. Lallemant*, 1759, in-4° v. m.

441. Dictionnaire géographique, historique et biographique d'Indre-et-Loire, et de l'ancienne province de Touraine, par Carré de Busserole. *Tours*, 1878-1880, t. 1 à 3, cart. v. rog.

442. Almanach historique de Touraine pour 1785. — Etrennes bordeloises ou calendrier raisonné du palais pour 1788, 2 vol. pet. in-12.

443. Abrégé du commentaire de la coutume de Touraine, par Jacquet. *Auxerre Fournier*, 1761, 2 vol. in-4°, v. porph. fil.

444. Le Droit général de la France, et le droit particulier à la Touraine et au Lodunois, par Cottereau. *Tours*, *F. Vauquer-Lambert*, 1778, 6 t. en 3 vol in-4°.

445. Histoire du Poitou, par Thibaudeau, avec une introduction par H. de Sainte-Hermine. *Niort*, *Robin* et *Cie*, 1839, 3 t. en 1 vol. in-8°, rel. pl. en chag. rouge, fil. tête dor. n. rog.

446. Observations sur la coutume du Comté et pays de Poitou, par Jean Lelet. *Poitiers*, *Baud*, 1683, 2 vol. in-4, v. b.

447. Recherches sur l'organisation communale de Saint-Maixent, jusqu'en 1790, par A. Richard. *Poitiers*, *Dupré*, 1870, gr. in-8, broch.

448. Consultations et observations sur la coutume de Bretagne, par feu Pierre Hevin. *Rennes*, *G. Vatar*, 1734, in-4, v. m.

449. L'Histoire de Bretaigne, des rois, ducs et comtes, par Bertrand d'Argentré. *Paris*, *Jacques du Puys*, 1655, in-fol., v. b.

450. Biographie des Malouins célèbres, et notice sur Saint-Malo, par Manet. *Saint-Malo*, 1824, in-8, dem.-rel. v.

451. Les derniers Bretons, par Emile Souvestre. *Paris*, *Charpentier*, 1836, 4 vol. in 8, dem.-rel. v.

452. Histoire de Berry, par G. Thaumas de la Thaumassière. *Bourges*, *imp. Jolliet*, 1865-1871, 4 vol. gr. in-8, dem.-rel. chag.

453. Le Parlement de Bourgogne, extrait de Palliot, où l'on trouve la création de toutes les charges et la situation de tous ceux qui les ont possédées depuis la date de leur création jusqu'en 1749, in-fol. cart.

Manuscrit du XVIIIe siècle, composé de 303 pages.

454. Mémoires concernant l'histoire civile et ecclésiastique d'Auxerre et de son ancien diocèse, par l'abbé Lebeuf, édit. revue et continuée par Challe et Quantin. *Auxerre, Perriquet*, 1855, 4 vol. in-8, dem.-rel.

455. Les Mémoires historiques de la République Sequanoise, des princes de la Franche-Comté de Bourgogne, avec un sommaire de l'histoire des catholiques rois de Castille et de Portugal de la maison desdicts princes de Bourgogne, par M. Lois Gollut. *A Dole*, par *Ant. Dominique*, 1592, in-fol. v. f.

456. Biographie Saintongeaise, par P.-D Rainguet. *Saintes*, 1851, in 4, portraits dem.-rel.

457. Histoire générale de l'Auvergne depuis l'ère gallique, jusqu'au XVIIIe siècle, par M. le président André Imberdis. *Clermont, Thibaud*, 1868, 2 vol. in-8, fig. dem.-rel.

Cachet sur le titre.

458. Coutumes du haut et bas pays d'Auvergne avec les notes de C. du Moulin.par M*** édit., revue. *Clermont-Ferrand*, 1770, in-4 bas. m.

459. Histoire des guerres religieuses en Auvergne pendant les XVIe et XVIIe siècles, par A. Imberdis. *Moulins, Desrosiers*, 1840, 2 in-8 fig. broch.

Cachet sur le titre.

460. Histoire générale de Provence, dédiée aux Etats, par Papon. *Paris, Moutard*, 1777, 4 vol. in-4 v. m.

461. Marseille, et les intérêts nationaux qui se rattachent à son port, par Berteaut. *Marseille*, 1845, 2 t. en 1 vol. in-8, dem. rel. chag.

462. Annuaire du Gard, 1829; de l'Hérault, 56-57. — Troubles du Gard, en 1815, par d'Arbaud-Jonques. — Montpellier, par Thomas. 6 vol. in-18 et in-8.

463. Corsa pel Bacino del Rodano e per la Liguria d'occidente, di Marzari Pencati. *Vicensa*, 1806, in-8 broch.

464. Mémoire pour servir à l'histoire de la ville de Toulon en 1793, par Z. Pons. *Paris, J. Trouvé*, 1825, in-8 broch.

465. Statistiques des Alpes maritimes, par Joseph Roux. *Nice, Cauvin*, 1862, 2 vol. in-8 broch.

466 Histoire de Libourne, par Raymond Guinodie. *Bordeaux, Faye*, 1845, 2 in-8 broch.

467. N.-D. de Soulac ou la fin des terres. Le tombeau et le culte de sainte Véronique à Soulac. *Lesparre*, 1865, in-8 broch.

468. Histoire politique, ecclésiastique et littéraire du Querci, par M. de Cathala-Coture. *Montauban, P.-T. Cazaméa*, 1775, 3 vol. in-8, broch. n. rog.

469. Histoire de la ville de Montauban en deux livres, le premier contient plusieurs matières curieuses, le second les guerres de religion, par Henry Lebret, prévost de l'église cathédrale. *A. Montauban, Samuel Dubois*, 1668, in-4 cart.

470. La Ligue à Abbeville, 1576-1594, par E. Prarond. *Paris, Dumoulin*, 1873, 3 vol. in-8 broch.

471. Lettres sur le Ponthieu, par René de Belleval. *Paris, Aubry*, 1872, in-12 broch.

472. Biographie du Parlement de Metz, par Emmanuel Michel. *Metz, Nouvian*, 1853, in-8, bas. rac. fil. tr. m.

473. Coutumes générales du duché de Lorraine. *Nancy*, 1733. — Coutume de Thionville. *Metz*, 1606, 2 in-12 v.

474. Histoire de l'ancienne confrérie d'amateurs de fleurs, établie à Douai sous le vocable de sainte Dorothée, par A. de Temas. *Douai*, 1870, broch. in-8.

475. Roubaix. Histoire des Seigneurs, des établissements religieux de l'église Saint-Martin, des institutions communales, des armoiries, par T. Leuridan, *Roubaix*. 1859-1863, 5 vol. in-8 broch.

476. Histoire de la Flandre et de ses institutions civiles et politiques jusqu'en 1305. — Histoire de Gand et de Bruges, par Warnkœnig, trad. par Gheldolf. *Bruxelles*, 1835-1851, 4 in-8 broch.

477. Tournai. Bulletin de la société historique, t. 2, 7 et 8, 1851-1862, 4 vol. in-8 broch.

478. Tournai. Mélanges, Ephémérides, Octroi, Essai, Histoire philologique sur le nom de Tournai, par F. Hennebert. — Le siège de Tournai en 1581, par Chotin, broch in-8.

VI. — HISTOIRE DE LA CHEVALERIE ET DE LA NOBLESSE

479. La Chevalerie, par Léon Gautier. *Paris Palmé.* 1884, gr. in-8. fig. dem.-rel. dor. et coins chagrin tête dor.

480. Mémoire sur l'ancienne chevalerie, par La Curne de Sainte-Palaye, édit. revue par C. Nodier. *Paris Delonchamps* 1829, 2 t. en 1 vol. in 8. fig. dem.-rel.

481. Code des ordres de chevalerie du royaume. *Paris,* 1819, in-8. v. rac.

482. Dictionnaire encyclopédique des ordres de chevalerie, par Maigne. *Paris,* 1861, in-12. pap. verg. dem. rel.

483. De l'origine et de l'institution de divers ordre de chevalerie, tant ecclésiastiques que prophanes, par P. de Beloy *Montauban, D. Haultin,* 1604, in-32 rel.

484. Histoire de l'ordre du St-Esprit, par de Saint-Foix. *Paris, Duchesne,* 1767. — Recherches hist. de l'ordre du St-Esprit, par Haudicquer de Blacourt, t. 2. *Paris,* 1710, 2 in-12.

485. Histoire de l'ordre royal et militaire de Saint-Louis, depuis son institution, jusqu'en 1830, par A. Mazas, terminé par T. Anne. 2e édit. *Paris, Didot,* 1860, 3 vol. in-8, dem. chag.

486. Mémoires et caravanes de J. de Luppé du Garrané, chevalier de St-Jean de Jérusalem, suivis de ceux de son neveu G. de Larrocan d'Aiguebère, publiés par le comte de Luppé. *Paris, Aubry,* 1875, in-4. pap. vergé. broch.

487. Les lépreux et les chevaliers de l'ordre de St-Lazare et de N. D. du Mont-Carmel, par Eugène Vignat. *Orléans, H. Herluison*, 1884, in-8, planches gravées, broch.

488. Almanach de l'ordre de Malte, pour 1769. *Paris, Le Breton*, 1769, in-12 broch.

489. L'ordre de Malte depuis la Révolution française, par le baron O. de Lavigerie. *Paris*, 1889, pet. in-8. p. verg. broch.

490. Faste de la Légion d'honneur, biographie de tous les décorés. *Paris*, 1843 1844, 4 vol. in-8, dem.-rel.

491. De la noblesse, dialogue de Torquato Tasso. *Paris, Courbé*, 1633, fort vol. in-12 parch.

492. Abrégé chronologique d'édits, déclarations, règlements, arrêts et lettres patents des rois de France et de la 3e race, concernant le fait de la noblesse, par Chérin. *Paris, Royez*, 1788, pet. in-12, v. p. fil.

493. Essais sur la noblesse de France, par le comte de Boullainvilliers. *Amsterdam*, 1732. — La noblesse militaire opposée à la noblesse commerçante ou le patriote français. *Amsterdam*, 1756, 2 in-12 bas.

494. Essai sur l'éducation de la noblesse par le chevalier de ***, *Paris, Durand*, 1748, 2 in-12 bas.

495. Des Genéalogies, par de Cornulier. *Orléans, H. Herluison*, 1891, in-12. broch.

496. Ligue des nobles et des prêtres, contre les peuples et les rois, par Paul de P..., *Paris, Barba*, 1820, 2 vol. in-8, dem.-bas.

497. Histoire de l'esprit des révolutionnaires des nobles en France sous les 68 rois de la monarchie, par Giraud. *Paris, Baudouin* frères, 1818, 2 vol. in-8, dem.-bas.

498. Etrennes de la noblesse ou état actuel des familles nobles de France, pour l'année 1776. *Paris, Des Ventes de la Doué*, in-12 bas.

499. Almanach de la noblesse de l'Empire français, pour 1810. *Paris, Fain*, in-12, dem.-chag.

500. The peerage of the British empire, by E. Lodge, esq. *London, Saunders*, 1839, in-8, blasons grav. cart. n. rog.

501. The royal calendar, années 1786, 1816, 17, 24, 39, 5 vol. in-12, blasons gravés, rel.

502. Le Mercure Armorial enseignant les principes et élémens du blason des armoiries selon l'ordre et les termes qui se pratiquent en cette science, par C. Segoing, orléanois, 2 édit. *Paris, F. Clousier*, 1652, in-4, fig. col. v. b.

503. Jeu d'armoiries des souverains et estats d'Europe, par de Brianville. *Lyon, B. Coral*, 1672, in-32 v.

504. La science des armoiries, par Bachelin Deflorenne. *Paris*, in-8, blasons gr. broch.

505. Le palais de la gloire, contenant les généalogies historiques des illustres maisons de France et de plusieurs nobles familles de l'Europe. (Par le P. Anselme). *Paris, E. Loyson*, 1664, in-4, dem.-rel.

506. Les tombeaux des personnes illustres avec leurs éloges, généalogies, armes et devises, par J. Le Laboureur. *Paris, J. Le Bouc*, 1642, in-fol., blasons gravés dans le texte, v. j.

507. Les mémoires de messire Michel de Castelnau, seigneur de Mauvissière, publiés par J. Le Laboureur, *Bruxelles, J. Leonard*, 1731, 3 vol. in-fol. port. et blas. grav. v. m.

508. Les éloges de tous les premiers présidents du parlement de Paris, depuis qu'il s'est rendu sédentaire jusqu'à présent, ensemble leurs généalogies, épitaphes, armes, etc., par J. B. de l'Hermite-Souliers et F. Blanchard. *Paris, C Besongne*, 1645, in-fol. dem.-rel. dos et coins bas. m.

509. Les fastes des rois de la maison d'Orléans et de celle de Bourbon, depuis 1497 jusqu'en 1697 (par le P. du Londel), *Paris, Anisson*, 1697, in-8 v. j.

510. Nobiliaire universel de France, par Viton de Saint-Allais. *Paris, Bachelin*, 1872-1876, 20 tômes en 40 vol. in-8 pap. vergé broch.

511. Dictionnaire de la noblesse par La Chenaye-Desbois. *Paris, Schlessinger frères*, 1863-1876, 18 vol. en 36 parties in-4° broch.

512. Armorial historique de la noblesse de France, publié par H. de Milleville. *Paris, Amyot.* in-4, blasons, dem.-rel.

513. Armorial des principales maisons et familles du royaume, particulièrement de celles de l'Isle de France, par M. Dubuisson. *Paris, Guérin*, 1757, 2 vol in-12, blasons gr. v. m. (*Bel exemplaire*).

514. Deuxième registre du livre d'or de la noblesse de France, publié par de Magny. *Paris, collège héraldique*, 1845, in-4, planches en couleur, broch.

515. Etat présent de la noblesse française, 1883-1887, 7e édition par Bachelin-Deflorenne, *Paris*, 1887, gr. in-8 broch.

516. Armorial de Bourgogne et de Bresse, dédié à Mgr. le duc de Bourbon, par Jacques Chevillard, 1726, 4 feuilles in-fol. max. en 1 vol. dem.-rel. bas. m.

517 Armorial général de France, de d'Hozier, publié par H Bouchot (Franche-Comté et Bourgogne). Dijon 1875, 2 vol. in-8 broch.

518. Revue historique, nobiliaire et biographique, publiée sous la direction de M. Sandret. *Paris, Dumoulin*, 1862, 1874, 11 vol. in-8 broch. et en liv.

519. Catalogue des gentilshommes qui ont pris part ou envoyé leurs procurations aux assemblées de la noblesse pour l'élection des députés aux états généraux de 1789, publié d'après les procès-verbaux officiels par L. de la Roque et E. de Barthélémy. *Paris*, 1866, 32 liv. en 2 vol. in-8.

520. Les armoiries de la ville de Paris, sceaux, emblèmes, couleurs, devises, livrées et cérémonies publiques, par le comte A. de Coëtlogon et Tisserand. *Paris, Imp. Nat.* 1874, 2 vol. in-4 fig. cart. n. rog.

521. Armoiries de la salle des croisades du palais de Versailles. *Paris, Imprimerie Royale*, 1844, in-8 blasons, cart.

522. Annoblissement depuis 1341, jusqu'en 1660, in-fol, dem.-rel.

Recueil manuscrit de 258 ff. C'est une copie du XVIIIe siècle du ms. n° 698 de la bibliothèque de l'Arsenal. Il contient, outre l'inventaire des registres de la Chambre des comptes, les anoblis et faux nobles de la province de Bretagne, les lettres de noblesse enregistrées aux Aydes de Paris, celles accordées par les ducs de Bourgogne, etc.

522 *bis*. Armorial des maires de la ville d'Orléans, par H. Lambron de Lignim. *Tours*, *Ladvèze*, 1851, in-4 pap. vergé, tiré à 100 exemplaires.

523. Généalogies des principales familles de l'Orléanais, table des manuscrits du chanoine Hubert, par de Vassal. *Orléans, H. Herluison*. 1862, gr. in-8 broch.

524. Nobiliaire de l'Orléanais, par C. de Vassal, archiviste du Loiret. *Orléans, H. Herluison*, 1863, in-4 broch.

525. Généalogie de la famille d'Orléans de Rere, par de Vassal. *Orléans, H. Herluison*, 1862, in-4 broch.

526. Généalogie de la famille de Gauvignon de Bazonnière, par de Vassal. *Orléans, H. Herluison*, 1862, in-4 broch.

527. Généalogie de la maison Bigot marquis de la Touanne, vicomte de Morogues, baron de Villandry, Berry, Orléanais, Bretagne, Ille-de-France, Hollande, 50 pages in-4.

Travail manuscrit moderne.

528. Généalogie de la famille Le Normant. *Orléans, imp. A. Jacob*, 1853, in-4 broch.

529. Généalogie de la famille Baguenault de Puchesse et de Viéville. *Orléans*, *Herluison*, in-8 broch.

530. Nobiliaire et Armorial de Touraine par Carré de Busserolle. *Tours*, 1888, fort vol. in-8 broch.

531. Procès-verbal des séances de l'ordre de la noblesse du bailliage de Touraine, assemblée en 1789, suivi de Recherches sur la noblesse de Touraine, par M. Lambron de Lignim. *Tours*, *Ladvèze*, 1864, in-8 pap. vergé, dem.-rel. mar. rouge, tête dor., n. rog.

532. Nobiliaire de Normandie, publié par E. de Magny. *Paris*, *Aubry*, *S. D.*, in-8 dem.-rel. chag.

533. Recherche de la noblesse de la généralité d'Alençon, faite par Bernard de Marle, extrait de l'Annuaire de l'Orne, 1865-1867, en 1 vol. in-12 dem.-chag.

534. Armorial de l'ancien duché de Nivernais, par George de Soultrait. *Paris, Didron*, 1847, in-8, pl. de blasons, dem.-chag.

535. Histoire généalogique de la maison de Cadier de Vauce. *Paris*, 1847, in 4, blas. gravé, broch.

536. Le livre doré de l'Hôtel de Ville de Nantes, par A. Perthuis et S. de la Nicollière-Teijero. *Nantes, Grinsard*, 1873 2 t. en 1 vol. gr. in-8, blasons et pl. gr., dem.-rel. chag.

537. Généalogie de la maison de Cornulier, autrefois de Cornillé (par le comte Ernest de Cornulier-Lucinière). *Orléans, H. Herluison*, 1884, gr. in-8 broch.

538. Nobiliaire et armorial de Bretagne, par Pol Potier de Courcy, 2e édit. *Nantes, V. Forest*, 1862, 3 vol. in-4, dem. rel. chag.

539. Nobiliaire d'Auvergne, par Bouillet. *Clermont-Ferrand*, 1847, 7 vol. in-8 v. jasp. fil., tr. m.

540. Armorial des Landes. Clergé et noblesse des Landes, par le baron de Cauna. *Bordeaux, veuve Dupuy*, 1863-1864, 2 vol. in-8 dem.-rel. chag. v.

541. L'état de la Provence dans sa noblesse, par M. l'abbé R. D. B. (Robert de Briançon). *Paris, Aubouin*, 1693, t. 2 et 3, nombreuses planches de blasons gr., bas. m.

542. Armorial des capitouls de Toulouse, publié par V. Bouton. *Paris*, 1876, in-12 pap. verg. broch.

543. Nobiliaire toulousain. Inventaire général des titres, par A. Bremond. *Toulouse*, 1863. 3 vol. in-8 broch.

544. Armorial de la noblesse du Languedoc, par L. de la Roque. *Montpellier, Seguin*, 1860, 2 vol. in 8 dem.-rel. chag.

545. Généalogie complète et authentique de la maison de Chanaleilles, d'après les manuscrits de l'abbé Chambon. *Paris, Imp. Davy*, 1888, in-8 broch.

546. Nobiliaire de Ponthieu et de Vimeu, par le marquis de Belleval, 2e édit. *Paris*, 1876, in-4 dem.-rel. chag.

547. Armorial de Flandre, du Hainaut et du Cambrésis (1696-1710), publié par Borrel d'Hauterive. *Paris*, 1856. gr. in-8 broch.

548. Poplimont. La Belgique héraldique. *Bruxelles*, 1864. 11 vol. in-8 dem.-chag. n. rog.

549. Édit de création de la chancellerie, prez le parlement de Tournay. *Tournay, J. Coulon*, 1689, in-32 parch.

550. Généalogie de la maison de Sinety, par le chevalier de Courcelles. *Paris, Bethune*, 1830. — Histoire de la souveraineté de S. Heerenberg, par Serrure. *Gand*, 1859, 2 parties, en 1 vol. in-4, pl , dem.-rel.

551. Note pour servir à la famille Saige ou Sage. *Paris*, 1874, in 4, tiré à 100 exemplaires, dem -rel. chag.

552. Dictionnaire des titres originaux pour les fiefs, le domaine du roi, l'histoire, la généalogie, ou inventaire du cabinet du chevalier Blondeau de Charnage. *Paris, M. Lambert*, 1764, 3 part. en 2 vol. cart.

HISTOIRE LITTÉRAIRE, ETC.

553. Le Grand Dictionnaire historique, ou le Mélange curieux de l'histoire sacrée et profane, par Louis Moreri, *Paris, chez les libraires associés*, 1759, 10 vol. in-fol. v. m.

554. Dictionnaire général de biographie et d'histoire, de mythologie, etc., par Dezobry et Bachelet, 8e édit. *Paris, Delagrave*, 1880. 2 vol. gr. in-8 dem.-chag. pl. perc.

555. Bibliothèque universelle de Genève, années 1833 à 1838, rel., les deux dernières années broch.

556. Le Magasin pittoresque, 1833 à 1853. *Paris*, 1833-1853. 20 vol. in-4, fig., dem.-rel.

557. Œuvres de Plutarque, traduites du grec par Jacques Amyot. *Paris, J.-B. Bastien*, 1784, 18 vol. in-8 v. porph . tr. dor.

558. Dictionnaire universel des contemporains, par G. Vapereau, 5e édit. *Paris, Hachette*, 1880, fort vol. in-8 dem.-chag., pl. perc.

559. Biographie universelle, *Paris, Michaud*, 1811-1828, 52 vol. in-8 dem.-rel.

560 Les Grands écrivains de la France, *Paris*, *Hachette*, 7 vol. in-12 broch

Montesquieu, Turgot, d'Alembert, Mme de Sévigné, G. Sand, T. Gautier, V. Cousin.

561. Histoire de l'Académie royale des Inscriptions et Belles-Lettres. *Paris*, *Imprimerie Royale*, 1717-1764, 29 vol. in-4 v. j. – Mémoires, 1764-1774, 7 vol., ens. 37.

562. Les Grandes épouses, études morales et portraits d'histoire intime, par M. de Lescure. *Paris*, *Didot*, 1886, in-8 dem.-chag. tr. dor.

563. Les Illustrations et les célébrités du XIXe siècle. *Paris*, *S. D.*, 5 vol. in-8 broch.

564. Revue archéologique, années 1863, 1864, 1878 et 1879, t. 7 et 8 en liv.

www.ingramcontent.com/pod-product-compliance
Ingram Content Group UK Ltd.
Pitfield, Milton Keynes, MK11 3LW, UK
UKHW020451180726
13839UKWH00004B/1765